시향 _ 2008

■ 詩香 2008 ■

시향

Fragrance of Poetry

미주한국시문학회 편

Korean American Poetry Society of USA

도서출판 월인

■ 서문

어려운 시대에 작은 위로와 불빛 되길

범람하는 사이버 세계에서의 정보와 영상문화의 발달로 문학이 설 자리가 없다고들 걱정한다. 그러나 세상에 꿈꾸는 인간이 존재하는 한 문학은 어떤 형태로든 존재할 것이므로 다만 변화에 살아남기 위해서 위기를 도약의 기회로 삼아 대처하는 전략에 주력해야 할 것이다.

워싱톤 지역에 뿌리를 둔 미주한국시문학회가 미국 속의 한국시문학의 발전을 위해 펴내는 년간 시전문지 『시향 2008』이 올해로 4번째이다. 척박한 외지에 와 뿌리내려 사는 이민자의 삶은 아무리 오래 살아도 가슴이 시리다. 그래서 시인들은 쓰지 않을 수 없어 생업에서 돌아와 모국어를 붙들고 씨름한다. 그렇게 간절히 씌여진 모국어 시편들로 힘을 얻고 위로받는 그들에게 창작행위는 구원이요 종교 이상이다.

문학이 팽배한 자본주의와 사회구조에서 오는 필연적 결핍의 소산이듯 고국의 정기를 받지 못하고

이땅에서 외발 딛고 사는 이민자들에겐 두고온 조국과 고향과 부모님에 대한 그리움은 그들이 쓰는 시의 원천이 된다. 일상의 체험에서 얻어진 작고 하찮은 것들이 시인의 독특한 통찰력과 상상력으로 의미를 부여받아 새롭게 태어나 빛을 발한다. 이민 연륜이 이삼 십년씩 쌓이다보니 이제는 이민 초기 시에 나타나던 문화충격이나 삶의 애환을 다룬 작품들이 줄어들고 주변에서 만나는 자연이나 일상을 시의 질료로 택한 작품들이 주류를 이룬다. 세월이 어느 사이 시인들의 의식을 잠식해 동서의 경계를 그만큼 허물어 놓은 것이다. 미디아에 비쳐진 고국의 태안반도 기름유출사건 현장에 나와 검은 타아르를 지우기 위해 땀 흘리는 자원봉사자들도 그들에게 시를 쓰게 만든다. 특히 2007년 4월 16일은 세계를 경악하게 한 버지니아텍 총격 참사 사건으로 200만 미주한인들은 모두 타민족 앞에서 죄책감을 경험해야 했다. 단순히 범인이 한국인이라는 이유만으로 같은 피를 나눈 한민족의 형제애가 자연스럽게 그의 죄는 곧 우리 죄로 여겨졌기 때문이다. 남의 나라에 와 이 시대를 사는 우리 민족의 아픔을 기록하는 것도 늘 깨어있어야 하는 시인들의 몫이다. 33명의 고귀한 생명을 앗아간 그 참혹한 사건은 결코 우리의 뇌리에서 지워지지 못할 멍에로 남아 있을 것이다.

올해부터 미주한국시문학회가 〈시향 Fragrance

of Poetry 신인상〉을 제정하고 이 땅에 한국 시의 지평을 새롭게 열어 갈 참신하고 역량 있는 신인 발굴에 나선다. 미주 전역에 숨어있는 많은 인재들의 응모를 바란다.

미주 시 문단에서 미국 속의 한국문학을 빛내던 두 거장이 년 초에 별세하셨다. 고원 시인과 김용팔 시인이 그분들이다. 비교문학박사이신 고원 시인은 캘리포니아 리버사이드 대학, 라번 대학에서 교수를 지냈으며 최근까지 20여 년 동안 자신이 개원한 〈글마루〉 문학교실을 통해 후진양성에 주력해 왔고 『문학세계』를 창간해 발간해 오는 등 60여 년 동안 문학의 외길을 걸으며 시집 15권과 『고원문학전집』 5권을 남겼다. 고인들의 업적을 되새기며 명복을 빈다.

시인나무들의 삶의 흔적을 이 세상에 내보내며 『시향』이 찾아가 내려앉는 가슴마다 어려운 시대를 통과해가는 사람들에게 작은 위로와 불빛이 되길 바란다.

미주한국시문학회 회장 김행자

차례

시향
詩香

시향
詩香

시향
詩香

시향
詩香

강 인 숙

In Suk Kang

전북 출생

미국 조지아 사바나공대 졸업

워싱톤 문예창작원 수료

2005년 겨울호 『문학과의식』 신인문학상

미주한국시문학회 회원

lakeroyal@yahoo.com

단풍기차

어느 고화古畵에서 보았던가
달거덩 달거덩 느린 기차
그 속도만큼이나 천천히 돌아본 추억

그 속에 첫 발령 받아 밤기차에 오르던 부녀父女가 있고
짙은 새벽 안개 속에 낯선 도시가 있고
해장국에 눈을 고정하신 아버님의 허전함이 있고
서늘하고 조그만 하숙집 방이 있다

강산이 몇 번 변한 후
웨스트 버지니아 어느 산골에
고택古宅 같은 단풍기차가 있다
어느 작은 별나라처럼 신기한

바닥이 훤히 보이는 강을 끼고
오색단풍의 산자락을 도는 기차
강 건너 나무꼭대기에 앉은 대머리 독수리의
그 호젓함과 고독이 강물에 반사되어 하늘로 오른다

펜실베니아에서 왔다는 아미쉬 할머니와
백설보다 희던 노老 부부의 미소
클라크 게이블*을 닮은 콧수염 노老 역장의 모습에서
습자지처럼 맑고 투명한 삶이 보이는 듯하다

아홉 살 소풍 때보다 맛난 친구의 김밥 한 줄
따끈한 커피 한잔에 피어나는 우정
사람의 향기가 그 기차 안에 있다

* 클라크 게이블 : '바람과 함께 사라지다' 영화에 나오는 남자 주인공

외다리 갈매기

주홍빛 노을위로
눈 같은 물꽃이 피어나는 해변
쓸쓸히 나는 외다리 갈매기의 긴 날개
나란히 날던 짝 어디 갔나
다리 하나 무겁게 끌고
푸른 바다 위에 떠있다

예고 없이 찾아온 사랑에
눈멀고 귀 먹어
가냘픈 흰 다리 하나 내 주었나
왕좌를 버린 에드워드 8세의 사랑도 그랬고
21세기 여자 우주비행사의 사랑도 그랬지

사랑한다는 것은
붉은 심장에 촛불 하나 밝혀두고
넋 나간 바보가 되는 것
칠흑 같은 밤하늘에
푸른 별의 사랑을 꿈꾸는
세상은 바보들의 지옥
세상은 바보들의 낙원

외다리 갈매기 한 마리
지독한 외다리 사랑

겨울 동백

카멜리아[*] Camellia
뒤뜰에 세 살배기 키만 한 어린 동백
매듭단추 닮은 입 꼭 다물고 긴 겨울을 나고 있다
펑펑 내리는 흰 눈을 맨몸으로 받쳐 들고
분홍 그리움 펼쳐 보일 봄 기다리는 순정
푸른 잎사귀 그대로 걸치고 고행 중이다
그 옆에 독서하는 소녀상도 고행 중이다

동백기름 발라 곱게 빗어 넘긴
어머니 쪽머리에 묻혔던 옥색 비녀
올 봄엔 지쳐 늘어진 밑가지 당겨 휘묻이를 해 볼까
새로 자란 튼실한 가지를 골라 여름에 꺾꽂이를 해 볼까
아니,
올 가을엔 씨를 받아 동백기름을 내보자
혹, 어머니 품속 내음이 배어 나올지도 몰라

* Camellia – 동백나무, 동백꽃의 영어학명

예쁜 놈 미운 놈

고 놈은 참 예뻤다
뽀얀 엉덩이가 한겨울 백설 같았고
아무도 없는 뒤뜰에서
폴짝폴짝 뜀박질을 하곤 했다
언제 보아도 참 예뻤다
환약처럼 까맣고 동그란
분비물을 소복이 쏟아놓기 전까지는

겨우 새순 돋아 나풀거리는
포도나뭇잎 훔쳐 먹은
고 놈은 참 미웠다
뽀얀 엉덩이도 미웠고
귀 쫑긋 세우고 새침 떠는 모습도 미웠다
하얗게 새벽이 열릴 때 예쁘던 놈
어둠이 내리기도 전에 미워졌네

계수나무 밑에 떡방아 찧던 토끼
배고파 소풍을 내려왔었는가
포도나뭇잎 몇 장 뜯어먹었다고
분노하는 속 좁은 자는
예쁜 놈인가 미운 놈인가

재혼

십 년 전 이사 가며 미국 친구가 주고 간
엉덩이 볼록한 물비누 병
며칠 전에 펌프질 하는 꼭지가 탈이 나고 말았다
바닷물 색 닮은 늘씬한 물비누 병 하나
금간 장식 사이로 비누 땀을 흘리는 모습 애처로워
가만히 들여다보다가
고장 난 것 하나씩 버리고 합치면
십 년은 너끈히 살 수 있을 것 같아
둘을 재혼시키기로 마음먹었다
언제 그랬느냐는 듯
펌프질 잘되는 볼록한 엉덩이 물비누 병 하나

강 혜 옥

hea Ock Kang

경기도 광주 출생
MA in TESOL / Bilingual Education,
University of Maryland at Baltimore County
BA in English Education, DaeGu University
하워드카운티 교육청 근무
현 리버힐 교육원 디렉터
미주한국시문학회 회원

judydo82@yahoo.com

안개 속에서

안개 감긴
센테니얼 호수 길을 걷는다
사위가 모두 안개에 잠겨
말소리가 잠겨 내리고
사물들도 멀어진다
사람 키 두엇만큼 떨어진 곳의 벤치도
희미하게 뒤로 물러서 있다

짙은 안개 속에서는
미처 못 보던 것들이 살아난다
밤새 울어 눈이 부은 바윗돌 하나
삐친 설움이 보랏빛으로 성난 쐐기풀
망설이던 말들이 투명하게 담긴
얕은 물웅덩이들
지나치던 친숙한 일상이
안개 속에서 선명하게 다가온다.

안개 속에서
비로소
나를 만나다

조시[弔詩]

–2007년 4월 16일 Virginia Tech. 희생자들을 추모하며

강변 버드나무에
화환을 걸던 오필리어가
강물에 빠져 숨졌다는
소식을 듣던 날
피 묻은 교정에 앉아
숨진 영혼들의 비탄을 듣는다

빗발치는 총탄 속에
암흑 같은 비명으로 쏟아져 내린
젊은 꿈들이
잔디밭 휴지같이 구겨져버려
있다

초록빛 잔디처럼
모든 것이 제자리에 있건만
의연히 딛고 일어서야 할 상념이
4월의 햇살아래 화환같이 걸려

목이 메었다

가을 숲길에서

숲 속으로
길 내는 방법을 아니?
잔가지도 치고
삭정이도 걷어내고
두텁게 쌓인 낙엽만
남겨 두는 거야
먼 훗날
그 길 따라 미들 파툭슨 강가로
낚시 갈 사람들
그 상상도 걸어두는 거야

그러다가
오늘은
햇빛 잘 드는
숲 속의 공터를 발견했어
사과나무를 심을까
밤나무도 심을까
햇살 머무는 공터에
오늘도 힘들었지?

숲길을 다녀가길 바래

서리 맞아 알밤들
투드득 떨어지는 이 숲길을

비를 따라 가다

곧게 내리는 비는
변명 없는 고백 같아 좋다
길을 많이 알아 막힘이 없는 친구처럼
의지할 수 있는 품새가 좋다

흐린 날들이 이어지고
낮은 기압에 눌려 낮아지는 마음이
내려놓아야 할 것들을 더듬다
울컥 쏟아지는 울음처럼
비는
생각을 비워 씻어내며
곁눈질 없이 말조차 걸지 않고
쏟아진다

비가 부러운 나는
부러 빗줄기를 부여잡고
따라가고 싶다
곧게 내리는 비는
변명 없이 날 믿어주는
뚝심 좋은 친구 같아서 좋다

네가 사는 날 동안에

네가 사는 날 동안
나는 늘 저녁노을이다

네가 선 땅에서 슬프지 말기를
저녁 어스름까지 지키는
붉은 노을이다

말없이 붙들어준
비틀거린 날들의 눈물을
진주처럼 꿰어
새벽이슬처럼 내 영혼을 먹인다

돌아보면 하잘 것 없는 잔돌
스스로 잊혀 질 작은 이름인데
아무도 해치지 않도록
끝까지 지켜줄 네가 사는 동안

내 삶은
아침마다 태어나
풀잎 위에 숨 쉬는 작은 이슬이다

권 귀 순

Kwi Soon Kwon

서울 출생

동국대 국문과 졸업

『펜과문학』 2회 추천완료로 등단

2006년 가산문학상 시 부문 수상

시집 『오래된 편지』(푸른사상)

kwiskwon@yahoo.com

익다

혼자서 뉘엿뉘엿
빛의 강을 건너는 그를 보았다

푸른빛이 붉은빛에게로
제 빛깔을 넘겨주면서
붉은 물속으로
천천히 스미고 번져서는
숨는 듯, 솟는 듯 가고 있는 그를

흰꽃이 피던 때를 기억하는 것일까
격렬한 몸짓이 언뜻
이는 걸 보면
그는 흐느끼는 것 같기도 하다

한 빛이 다른 빛에게로
건너가는 동안
봉숭아물 들인 손톱이 자란만큼씩
봉숭아물을 밀어내 사라지듯이
붉어진 만큼씩
푸른 제빛을 버리며
그는 익어가고 있었다

혼자서 빛의 강을 건너는
가을밭의 고추

이불

자목련나무 아래
집 없는 사람이 낮잠을 자네
엷은 봄볕이어서
웅크린 몸매가 추워 보이는데
가만히 내려다보던 자목련나무
이불 한 채 보시하려고
이리저리 제 몸을 흔드네
아, 상처를 기우러 내려오는
저 연한 맨발들
분홍신을 신은 것처럼
그칠 줄 모르고 춤추는 낙화
헐벗은 몸 덮어줄 이불을 지으시느라
자목련나무 벌써
한 뼘쯤, 두 뼘쯤 몸이 기울었네
자목련나무 아래
집 없는 사람이 낮잠을 자네
꽃이불 한 채 잘 덮고서
문 없는 집에 드는 꿈을 꾸는지
자목련나무 밑이 저리 환하네

무릎 꿇은 나무

록키산맥 드높은 곳에는 북쪽을 향해
무릎 꿇은 나무들이 있다
심한 바람 견디느라 그런 자세 되었다는데
무릎이 그토록 슬픈 관절일 줄이야

살아낸다는 것은
바람에게도 무릎 꿇는 일
무릎 꿇는 다는 것은
가장 낮게 엎드리기 위해 먼저
나를 낮추는 일

살면서 무릎 내줄 일 한 두 번뿐이겠는가
살아낸다는 말보다 아픈 말을 나는 모른다
그 말 속에는 닳아진 무릎들이 있다
닳아져서 서러운 무릎들이 있다

누가 나무더러 비굴하다 말하랴
바람 속에서 살아내는 법을 익혀
무릎사이에 울음 접어 넣은 그 나무
베어다 빚은 악기 속에서
절절히 울고 있다

이슬이 비치다

만삭의 그녀에게서 문자가 왔다
이슬이 비쳤어

이슬이 비친다
이 말처럼 스미는 말 있을까
맨 처음 이 말을 한 사람의
울음빛 마음이 만져진다
이 아름다운 상징에는
어렴풋한 슬픔이 묻어있다

아기가 세상으로 오기 전
처음 보낸 전언이
이슬이라니!
풀잎에 맺혔다 스러지는
이슬이라니!
이슬로 왔다 갈 것을
아기는 이미 안다는 걸까

물에 있는 아기가 물로 보낸 말
이슬이 비친다

장엄한 잠

어둠속에서 그들은 가지 끝에 맺힌 꽃숭어리처럼 보였다
어둠을 한참 들여다보니 드높은 새떼였다
잠도 무리 지으면 저리 장엄해지는가
나는 참나무 숲으로 다가가지 못했다
새들의 잠이 너무도 장엄했으므로
장엄한 것이 슬펐으므로
새들은 먼동 트는 새벽에 일어나 어둑한 하늘로 먼저 나갔을 것이다
노를 젓듯이 날개를 저으며 나갔을 것이다
하루 종일 먹이 찾아 들판을 헤매다 돌아와 어제처럼 곤한 잠에 들었을 것이다
곤한 잠은 보고 있으면 목이 메인다
슬픔을 등에 지고 잠든 것처럼
저렇게 잠든 때 내게도 있었다
저 떼까마귀처럼 너무 멀리 날아와 슬픔을 내려놓지 못하고 잠든 때 있었다
새 같은 아이들에게 먹이를 물어다주려고 날마다 포토맥강*을 건너던
밤이면 지친 품안에 새끼들 껴안고 잠들던
목 메이던 것들은 오래 지워지지 않는다

겨울이 지나 새들이 돌아가도 그 장엄한 흔적을
나무는 내려놓지 못하듯이

* 포토맥강 : 메릴랜드와 버지니아 경계를 흐르는 강

김 경 암

Kyung Am Kim

雅名 해봉

화가

제주 출생

대원불교대학 졸업 / 고려대 교육대학원 수료

2007년 〈모던포엠〉 신인상(시) 등단

워싱톤 보림사 주지 스님 / 미주불교신문 발행인

kyongam@hotmail.com

사랑

아낌없이 주므로 행복하고
기꺼이 받으므로 기쁘도다
더는 무엇을 희구希求하랴

서산에 걸린 해는 노을빛에
물들어 저리도 아름다운데

새벽은 또 어디메서
흰 빛으로 오는가

사랑
느끼면 지상地上에 꽃이요
느끼지 못하면 허공에 바람이라

새벽예불

눈 덮인 마곡사麻谷寺
법당엔 희미한 촛불
은은히 들리는 목탁소리
독 도르르
맑은 종소리
고요한 산사의 적막을 깨워
잠이 덜 깬 여명의 산 빛 곁으로
수많은 생生에 업장 참회하고
법당을 내려오니
마당 가득 환희가 춤을 추네
하얀 눈 송이송이 내 마음 닮아
청아한 겨울 산사山寺
나목의 꿈처럼 정갈하다
함박 눈 펄펄 산사에
가득하여
중생에 마음이 설화雪花로 피어나니
이곳이 극락極樂이네

상심[常心]

– 버지니아텍 참사에 바치는 弔詩, 정해년 4월 16일

1.

한 병자의 어리석은 발작인가
미국을 경악하게한 4.16 총격 참사
쌍권총 소리 땅, 따다땅!
꿈에서도 볼 수 없는 참상
피 흘린 사상자들이여!
무슨 악연인가?
말 잃은 어머니, 혼절한 어머니
끊어진 등교 길은 아우성으로 가득 차있다
사랑하는 아들딸들과 교수님이시여!

그리움에 불러보는
대답 없는 그 이름

2.

고해에서 4.16 사건 희생자 영가들을
인도하는 49재
사랑하는 아들딸의 살아있는 숨소리가
어머님들 가슴에 꽃피고

그대들의 어미 가슴에 묻은 슬픔
이 마음 알리라
사라져간 32명의 영령들이여!
이제 고이 잠드소서
하늘땅 초록으로 열린 6월
잃어버린 아들딸을 찾고 싶은 마음이여

봉축시

정해년 화창한 봄바람 결에
부처의 자비광명 온 세상에 두루하니
앞산엔 꽃이 피고 산새들이
지저귀는데
시냇물은 바위 안고 흘러 흘러서
빛살무늬 고요한 아침의 산사
아기부처 오신 날
마음 속 쌓인 번뇌 허공처럼 비우고
정성만 가슴에 오롯이 담아
생명의 나라 진리의 고향
부처님의 눈빛 미소
이 땅에 평화와 자비가
우리가슴에 나눔의 등불로 타게 하소서
지난해 초파일이 올해도 초파일
노서방과 김서방의 한 치의 양보는
통일의 초석 되어 여물어가고
오늘도 벌과 나비는 향기에 취해
꽃망울 속에서 봄밤을 즐기누나.

기도

손발이 닳도록 오체투지하며
빌고 또 비는 마음
반야의 강 건너랴만

수능시험 입학시험 취직시험
어리석음 달래보는 늦은 깨달음
중생의 애끓는 마음 아시려나
떨리는 손끝

계곡에 숨어든 안개 속으로
가슴 후려치는 맑은 시냇물소리
욕망의 바람인 양
부끄러운 부모마음

어쩌랴
당신께서 눈뜨시는 산사
손에 움켜쥔 시냇물 한 모금
입술 축이며
조용히 안기는 비바람아

김 미셸리아

Michelle Lea Kim

雅名 嘉和

서울 출생

1977년 도미

『자유문학』 2회 추천 완료로 문단에 등단

회지 〈상록〉 편집인(MD 상록회, 상록대학) 역임

회지 〈노련〉 편집인(MD 노인연합회)

시집 『嘉和일기』(도서출판 월인)

시詩* 1

홀로
가는 길

어느 누구도
동행할 수 없는
외로운 길

어딘가에 있을
오아시스 찾아

끝없는 모래밭
지치도록
걷는 길

시詩* 2

짓고 버리고
또 짓고 버리기를
수없이

신기루에 지쳐
제자리걸음 끝에
시 한수 끝맺으면

기쁨과 부끄러움으로
모래밭에 핀
한 송이 선인장꽃

시詩* 3

시는 백자 달항아리요
청자 운학문매병이다

시는 진주요 연꽃이요
별빛이며 달빛이라

새벽, 옷깃을 여미고
정화수에 합장하는 어머니이며

그리움의 꽃구름
고요한 저녁노을에 피어나는 눈물꽃

숲속에서 만난
아, 청초한 산국山菊

풀꽃위에 앉아 재롱떠는
귀여운 나의 손녀이며

아픔을 기쁨으로 승화시키는 길이다

꽃비

만개한 벚꽃이
연분홍 비가 되어
노인아파트를 물들인다

빗속을 거니니
머리와 어깨에 내려앉은
귀여운 꽃잎들

아, 너희들
봄의 슬픈 이별
어머니와 아픈 이별
어디서 와 어디로 가는지

사노라 지친 나를
끌어안고 머물러 있는
낯선 이곳
침묵의 공허만 깊게 흐르는데

내 그날에 너와 더불어
곱게 떠날 수 있었으면
참 좋으리라

꽃비 한 자락에
눈물 마른 가슴이
촉촉이 젖어 오른다

건망증

TV 보는데
계속되는 전파소리
고장인가? 이명耳鳴인가?
아차
커피물 끓는 주전자의 힘겨운 소리

한나절 지나
부엌 싱크대 위에
흥건히 녹아버린
아침에
냉동에서 나온 요구르트

과일 가지러
냉장고 여니
어수선한 찬그릇들
가지런히 정리하고 돌아서며
내가 무얼 가지러 왔지?

이야기 도중
조금 전에 사물이
깜깜 밤중인데

얼토당토않은 때에
불쑥 떠오른 기억

이러다 저러다
나를 잊으면?
삶의 굴레에서
감각을 잃고
우울해지는 나를 본다

김 인 식

In Sik Kim

충남 서산 출생
문예창작회 회원
2006년 『순수문학』 신인상으로 등단

kis825@yahoo.com

가을, 그 초입에

새로 바른 창호문에
국화 한 송이 들어가 살더니
여닫을 때 마다 향기 날린다

그
팽팽한 네 귀를 당겨
청명한 오늘
한 송이 꽃으로 남을 수 있을까

그대
마음 열 때마다
향기 묻어나게

십일월

한번 깎으면 없어질
내 손톱의 봉숭아 꽃물 같은
십일월은

초여드레 달빛에도 호로록 내려앉는
고목나무의 삭정이

짧은 해 아쉬워 툇마루 끝에 앉아
시린 목 더듬는
내
어머니의 뒷모습

오십이 넘고서야

스모키 마운틴 일출을 보고
불기둥 품에 안고 내려오는 길
햇살이 단풍 안고 와락 넘어져
바위에 울긋불긋 가을 물들었네

오십이 넘고서야 내 눈에 들어온
단풍든 바위라니

겨울아침

붉은 부리 까마귀
호박 심었던 구덩이에서
먹이 하나 건져놓고
놓았다가 물었다가

어느 게 더 맛날까

호오, 호오 더운 입김 불며
시린 발
놓았다가 들었다가

목숨보다 귀한

아흔 살 영자할머니
지팡이가 목숨입니다
바삭거리는 뼈 때문에
말굽 같은 허리를 하고
동그랗게 앉아 뜨개질을 하십니다
한 번 감아 빼기로 마냥 길어지다가
노란 실, 파란 실 친구하다가
느닷없이 빨간 실이 끼어듭니다
언제 끝이 날지 아무도 모르는데
애지중지 코바늘이 없어졌다고
노발대발, 마음만 있는 몸을 일으키다
또 나동그라졌습니다
하찮은 코바늘이
목숨보다 귀합니다

김 행 자

Haeng Ja Kim

충북 영동 출생

숙명여대 약학과 졸업

1968년 중앙일보(한국) 신춘문예에 동시,

1993년 한국일보 미주본사 문예현상공모에

시가 당선되어 문단에 등단

워싱톤문인회 회장과 미주한국시문학회 회장 역임

윤동주문학사상선양회 워싱톤지부 회장 역임

2003년 제6회 해외문학상 시 부문 대상 수상

2006년 제1회 윤동주상 해외동포문학상 수상

시집 『눈감으면 그대』(푸른숲)

『몸속의 달』(동학사)

이민 100주년 기념문집 『사진신부』와

그의 영문판 『Surfacing Sadness』를 편집

한국문인협회, 해외문협 회원

haengjakim@gmail.com

에다마메*

솜털이 보송보송한 에다마메는
앙증맞은 초록 애기집 안에 너나없이
두세 개의 풋콩을 배고 있었다
끓는 물속에 흩뿌려진 소금과 만나
한껏 푸르러진 그들
양손 엄지와 검지에 밀려 양수가 터지자
마악 세상 밖으로 미끄러져 나온 두 놈이
잽싸게 받아먹으려는 아가리를 빗나가
보기 좋게 눈언저리를 한방 매겼다
순간, 그 밀실에 새끼들을 감싸고 있던
또 한 겹의 부드러운 보호막이
있다는 것을 처음 알았다
사방으로 펼쳐진 모세혈관이 제 몸을 헐어
수천 갈래 푸른 길을 내고 있었다.
멀리 현해탄 건너 북적거리던 니이가타**
여름 콩밭을 잠시 떠올리다 눈물 글썽이는 그녀
태어나자마자 잡아먹히는 어린 것들 차마
더는 못 봐 입 앙다물고
차례로 몸 비틀어 스스로 각질의
무덤들을 파고 있었다

* 에다마메 : 일본산 풋콩(깍지콩)

** 니이가타 : 에다마메 생산지

진혼제

–버지니아텍 총격사건 희생자를 추모하며

1.

4월*은 실로 잔인*하였다

평화로운 캠퍼스를 피로 물들이며
서른 두 명의 고귀한 생명을 앗아간
2007년 4월 16일
버지니아텍 총격 참사사건
그렇게 4월의 그날은
순식간에 온 세계를 뒤흔들었다
버지니아 공대에 아들을 보낸
직장 동료 오드리가 출근하자마자
한통의 전화에 황급히 돌아가고
뉴스를 접한 사람들 모여 술렁거렸다
용의자가 아시아계로 좁혀진 채
천년 같은 하루가 가고
결국 범인이 한국인으로 알려지자
온 종일 나의 일상이 비틀거렸다

2.

오로지 배움으로 형형하던 눈빛들을
그 순정한 젊은이들을 어쩐단 말이냐
이 땅에 한민족 머리 조아려 속죄 한들
어찌 그 큰 슬픔 위로할 수 있으랴
넋 놓고 가슴만 가슴만 무너진다
아침저녁 만나던 친구 손에
희생된 그대들의 형제자매와 스승을
자식 잃은 부모의 비통함을 감히 누가 안다하랴
캠퍼스 잔디밭 추모석 둘레에서
장미, 백합, 안개꽃무리들 온몸 흔들어 애도할 때

나는 눈물 속에 보았네

용서와 화해와 연민의 마음으로
멀리 조종(弔鐘)소리와 함께 하늘나라로 날아오르는
색색의 서른둘의 영혼들이 등 굽혀
병 깊은 한 영혼을 부축해 오르는 것을

그 모습
보이지 않을 때 까지
이승의 마지막 손 흔들어주다가
적갈색 풍선하나 창공으로
가만히 날려 보내주었네
서른 셋 영령들이여 하나님 품안에서
이제 평안히 잠드시라

* T. S. 엘리엇의 시 "황무지"에서

자귀나무

닭 사육장 울타리에 나와 앉은
자귀나무 한 그루가 행인의 발길을 멈추게 한다
인간에게 먹혀 어두운 내장으로 사라진지 오래된
하 많은 닭들이 오늘 붉은 벼슬로 다시 태어나
황홀한 부챗살 펼쳐 시위를 한다

"계권鷄權을 보호하라!"
"닭장 감옥 악독 환경을 개선하라!"
"우리는 알 낳는 기계가 아니다!"

수천수만이 모여 스크럼을 짜고
파도타기 시위를 한다. 시퍼렇게 멍든 가슴
내 보이며 닭 알로 바위를 친다

작전
–폭우

다 저녁 한바탕 또
뒤집어졌습니다
동에서 번쩍 서에서 번쩍번쩍
우루루 쾅쾅 번개탄을 터트리며
이번엔 오동나무 쪽 숲으로 모나 싶더니
또 허탕을 쳤나 봅니다
하늘이 쩡쩡 울리게 천둥번개로 겁을 주다
죄 없는 나무들 옆구리만 후려치고
짙푸른 여름 숲만 분탕질하고는
슬며시 꽁지 내려 사라진 후에도
마을은 쥐 죽은 듯 고요했습니다
나무란 나무들 일제히 머리 풀고
광풍을 견디는 동안
어미 손 놓쳐버린 어린잎들만 어지럽게
공중에서 발을 헛딛다
이내 땅바닥으로 곤두박질 쳐 버렸습니다
오늘도 검은 그림자는 놓쳐버리고
애꿎은 나무들 팔뚝만 잘렸습니다
부지런한 개미들만 떼죽음 당했습니다

안 보이는 손

볼티모어* 북쪽 95번 하이웨이
워싱톤 불바드 출구쯤에서 소스라치게 놀랐다
오늘 아침
누가 나를 여기까지 데려 온 것이다
늘 그랬듯 새벽 다섯 시
신문 보고 커피 한잔 뽑아 집을 나왔는데
그리고는 필름이 지워져 버린 것이다
내 의식의 골다공증?

가을비 차창에 흩뿌리던 어느
밤 귀가길 때도 그랬었지
누가 나를 데리고 다닌다는
섬뜩한 그런 느낌
내 의식이 스르르 운전대를 놓으면
그 찰라
가만히 받아 핸들을 잡아주는
안 보이는 손이 있다
내 어깨 가만가만 흔들어 깨우는
손이 있다

* 볼티모어 : 메릴랜드주의 항구도시

노 세 웅

Se Woong Ro

경북 문경 출생
2002년『자유문학』수필 신인상
2007년〈서시〉해외동포 신인상 시 부문 수상
미주한국시문학회 회원
한국문인협회 회원
워싱톤문예창작회 회원 / 워싱톤 씨니어 뉴스
편집위원장
윤동주문학사상선양회 워싱톤지회 부회장

swro@cox.net

비어있는 감옥

텅 빈 감옥에 비가 내린다
녹슨 철조망이 비에 젖는다
죄인들 다 어디로 가고
로튼 감옥은 텅 비어 있는가

이 세상에 죄지은 자가 더 없어
감옥이 비어 있다면
얼마나 큰 축복인가!
허나 넘쳐나는 죄인들 감당하지 못해
더 큰 감옥 짓고 어디로 옮겨 갔다니
비애 아닌가

이제 로튼 감옥엔 죄인은 없다.
죄 없는 자들이 둘러볼 박물관이 된단다
이 세상에 정말 죄 없는 자들이 있을까?

먼 훗날 세상 사람들이 여기 와서
옛날 사람들은 왜 죄를 짓고 살았을까?
갸우뚱 생각에 잠기다 가는 착한 사람들이
따뜻한 햇살과 함께 박물관에 있기를 희망한다

강아지풀

철조망은
삼엄한 경계선
교도소 안의 죄인들은
강아지풀의 자유가 부러웠다

철조망 안에 갇혀있는 자들이
어머니를 생각하며
속죄하고 있다
어미젖을 물고 있는 강아지들
무성한 강아지풀들이
어머니가 살고 있는 집을 향하고 있다

교도소는 비어있고 비가 내린다

플라스틱 카드

플라스틱 카드의
달콤한 유혹

어느 고급 레스토랑에서도
아름다운 은발 여자가
정중하게 맞아 주고

다이아몬드 귀금속 가게에서도
아름다운 금발여자들이
내 거친 손을 놓아주지 않는다

찬 겨울 함박눈이 펑펑 내릴 때
백화점에 가면
양털 오버코트를 입혀주며
친절하게 인사하는 사람

그들이 환영한 것은 내가 아니라
내 지갑이 속에 있는 플라스틱 카드

나는 착각하고 살았다

비자금과 시 한 편

어머님께 용돈으로
만 원짜리 세 장을 드렸다.

한 장은 양말 속에
한 장은 버선 속에
또 한 장은 내의 속에
감추어 두시고 돌아 가셨다

장모님께 용돈을
만 원짜리 세 장을 드렸다

한 장은 벽장 속에
한 장은 장롱 속에
또 한 장은 속주머니에
감추어 두신 채 돌아 가셨다

나는
꿈속에서 아주 좋은 시 한편을 써 놓고
남이 훔쳐갈까 봐
어느 책갈피 속에 감추어 두었는데

아직 찾지 못했다.

나는 이 시를 찾지 못하고 죽을 것 같다

유방암

캘리포니아 친구에게서
전화가 왔다
유방암 검사를
받아 보란다

유방암 검사는 여자가 받아야지
남자도 유방암에 걸리느냐고
묻는다

요즘은
여자들이 "남녀평등, 남녀평등" 하여
남자도 유방암에 걸린단다

그는 여자를 존중하는 마음으로
유방암에 걸렸다며
나 보고도 미리 검사를 받아 보란다.

퇴화한 내 젖꼭지 쪽에 심장이 있지
그래 나 심장 검사를 받고나서
유방암 검사도 받아야겠다

박 앤

Anne Park

서울 출생

성균관대 국어국문학과 졸업

메릴랜드대학 컴퓨터공학 전공

1997년 『워싱톤문학』 신인상 시 당선

2002년 『문예운동』으로 등단

bbidary@aol.com

못다 지은 집

지푸라기 몇 올, 나뭇가지 몇 개
걸쳐놓았을 뿐

차고 서까래에
집을 짓던 새 한 쌍
어느 날 큰 소리로 토닥거리다
홀연히 버리고 떠났네
못다 지은 집

알을 까고 새끼를 품어
일가의 보금자리 될
우주의 중심
그 집에 바람만 들다 간다

버려진 집은
쓸쓸하고 적막해
언제쯤 느껴볼 것인가
들었던 주인의 체온 한 줌

봉헌

옥수수 밭을 지나다가
가지런히 줄지어 선 모습이 좋아서
그 옆에 서 보았다

바람이 슬쩍 머리칼을 건드리면
녹색 옷자락 속에서 알갱이는 쪼르륵 달리고
막 빠져나온 수염은 따뜻한 햇살에
붉은 물이 들었다

내 두 발이 흙 속에 묻혔다
몸도 차츰 푸른빛을 띠더니
정수리에서 바람이 일어
옆구리에서, 등에서 툭툭 옥수수가 불거져 나왔다

한여름 뙤약볕, 거친 비바람에
서걱서걱 울기도 했지만
내 몸뚱이가 누렇게 패었을 때
나는 마침내 하늘을 향해 외쳤다

- 제가 다 여물었습니다 -

그날 밤 마지막으로

그날 밤 마지막으로 보았네
친정집에 와 누워 지내던
폐를 앓던 고모
모래알처럼 바스러지며
눈동자만 깊어지던 그녀는
한 폭 흰 치마에 싸여
찬 윗목에 놓여졌네

밭은기침으로 자지러지던
참 곱던 스물여덟의 여인
그 여인이 두고 간
가쁜 숨소리, 흐느끼는 소리
어지러운 꿈속을 흐르는
가락이 되네

때로 내 안이 조용해지면
들리네
뒤란에 흐르는
여린 노래

딸의 임신. 2
-그리운 집

만삭이 된 딸의 배에
가만히 귀를 대면
들리네!
엄지를 빠는 소리
물에서 첨벙이는 소리

태아에게는
이 조그맣고 둥근 배가
엄마와 먹고 자는 완전한 집이어서
우주이어서
최초로 새겨지는 기억이어서

훗날 지치고 외로울 때
돌아가 쉬고픈 엄마의 몸이어서

잊지 못하네
그리운 집

맷방석만한 덤불 속

새떼가 자글거리는
공원 한 귀퉁이 후미진 곳
큰일이라도 치르는 듯 떠들썩한
맷방석만한 덤불 속
잔치를 벌이는지
운동경기를 하는지
왁자한 저 수다!

밤하늘에 총총한 별처럼
맷방석에 누워서
까르르 까르르 웃으며 자란
우리 육남매

소중한 시간은 그저 멀찌감치
자리를 비켜주는 일밖에

박 양 자

Yang Ja Park

제주 출생
경희대 음대 작곡과 졸업
『워싱톤문학』 신인상 시 당선
『문학과 의식』 신인문학상(시)
한국현대시인협회 회원
워싱톤문인회 회원

allegro535@hanmail.net

섭지코지*

봄날 저물녘
섭지코지에 가 보아라

우주의 끝인 양
와락 밀려드는 모래바람
화산 암반이 술렁이고
기암괴석 아우성이
광풍의 물보라로
섬 끝을 무섭게 치고 있다

깃털보다 가벼워진 몸으로
사람들 모두 언어를 잃어버리고
다만 네게 이르는 길은
팽팽하게 날선 바위에 부서져
온몸 뒤채며 솟구치는
파도뿐임을 알게 되리니

가락가락 깨어지고 허물어져
비로소 포개오는 생의 무게

* 섭지코지 : 섭지는 재주 있는 선비가 많이 배출되는 지세란 뜻
코지는 코끝처럼 불쑥 튀어나온 땅(곶)을 의미하는 제주 방언
제주도 남제주군 성산읍 신양리에 위치

마른 고사리 삶다가

선산 할머니 누워 계신 주변에
잔뜩 돋아난 고사리
털북숭이 허리 꼿꼿이 세우고
머리끝 돌돌 말아 웅크린 품이
영락없는 할머니셨다

5월이면 고사리 꺾어 말려
서울로 보내시던 할머니
한라산 중턱
갈중이* 옷차림으로
해종일 헤매며 꺾었을 터인데
동네 할머니들의 봄 소풍 이라고 웃으며
애써 우기셨지
은빛 줄기에 매달린
배냇 그리움 같은 봄 햇살
저 세상 소식 두루마리로 보내셨나
생전의 봄 소풍이 그리우셨나
내 주저앉은 자리에 돋아난 고사리
한줌 꺾었더니
"그건 질경 못 먹으켜, 세부러시네"**
산 그림자 진 솔밭사이로 들려오던

할머니의 구수한 사투리

부드럽게 삶은
고사리 향 에 묻어오다

* 갈중이 : 감물을 들인 여자들의 갈색 중의(제주도)
** "그것은 질겨서 못 먹겠다, 세어버렸지 않냐"의 제주 방언

선인장

마른 화분에 사막이 펼쳐있네
온 몸에 가시 둘러
얼씬 못하게 하더니
막 시작한 서툰 사랑처럼
수줍은 듯 발그레한 꽃송이 피었네

기다림이 꽃이 되었나
그리움이 꽃이 되었나
맨 몸에 키운 씀바귀 사랑
땡볕 모래 열기 헤집은
낙타 발소리 타박타박 들리고

소낙비 한줄기
제 몸 찔리는 것도 모르고 핀
꽃 한 송이
가만가만히 씻어주고 있네

너에게로

–송정민의 말 그림을 보고

대숲 지나 옥수수밭 지나서
개울을 건넜어
구름 사이사이로
눈부신 햇살 뜨거웠어

소나기 그친 후
슬픔 앓고 난 맑은 적막
거울처럼 닦인 고요
비상을 꿈꾸는 일만 남은
멀리 바라보는 일만 남은

서서 잠드는 일은
언제든 달릴 준비였어
어디든 달릴 수 있는 생애가
무너진 목숨보다 더 자랑이었어

텅 빈 들판이어도 괜찮아
모래바람 세찬 사막이어도 괜찮아
나 이제 달려갈 거야
검은 갈기 날리며
너에게로

감나무

하릴없이
우두커니 서 있는 일이
체벌이었다

꽃 피우고
가을 잎 엽서처럼 띄우고 나면
휑한 몸 구석구석
용트림 한번 못한 채
손 주먹 같은 울음으로
꼭지 붉은 가을을 쓰다듬는데
바람 사이로
막 날아온 새 한 마리
콕콕, 콕
단 즙을 쪼아댄다
깊디깊은 시름 고여 익은 줄도 모르고
마냥 허기 채워
배부른 저 새

늙으신 내 어머니의 젖무덤이
덩그러니
가지 끝에서 마르고 있다

백 순

Soon Paik

서울 출생

서울대 법대 졸업

『해외문학』, 『자유문학』, 『화백문학』 신인상(시)

『조선문학』 평론, 『한글문학』 수필 신인상으로 등단

화백문학 미주지부 회장 / 미주한국시문학회

부회장 역임

시집 『그래도 주님 사랑 넘치면』(대장간)

『하늘에서 내리는 하얀 은혜의 눈송이를』

윤동주문학사상선양회 워싱톤지부 부회장 역임

soonpaik@hotmail.com

와이키키 해변 1

활화산 모래밭
바닷새들이
따가운 철판 위를 톡 톡 튀며
먹이를 찾는다

큰 바다 서쪽 일부변경선 너머는
잡아 올린 오징어를
모래 철판위에 익혀
맛있게 굽는 요리사들 붐빈다

와이키키 해변에서 불어오는
싱그러운 바람아
모래밭에서 열심히 방아질 하는
갈매기, 비둘기, 참새야
잘 구워진 먹이 한 조각
내게도 날라다 주렴

와이키키 해변 2

어쩌자고
파도는 그토록 몸을 찢는가
밤의 고요를 깨트리며
쉼도 없이 갈고 부순다
별빛마저

죽음의 빛을 내는 용암뿌리
오랜 눈비가 빚은 기암몸통
모진 바람이 만든 풍암줄기

태초부터 흰 장갑 끼고 쉬지 않고 조각을 한다

갓 걸음 배운 어린아이를 앞세우고
해안선 따라 걷는 젊은 엄마
맨발로 톡톡 튀는 저 어린 바닷새를 배경으로
부드러운 가슴을 펼쳐 보이는 파도

용암공원

모든 대지가 검정이다
온통 죽음이다

세상의 죄악이 날뛰기에
무저갱 저주의 불이
새까맣게 심판을 덮쳤는가
이곳이 지옥이다

따가운 유황불에 견디기 힘들어
일그러진 얼굴 뒤틀린 창자
좋은 것을 찾아 허둥댄 나의 모습
검정 바위에 찍혀
용암공원을 덮는다

말끔히 타버린 죽음 밭
저 멀리 홀로 서서
칠월바람에 흔들리는 한 가닥 풀잎
생명의 허망함

어둠과 빛

전동차가 굴을 빠져 나오며
경적을 울린다
어두움과 빛의 경계선에서
나, 그레잇 폴스 파크* 산길을 걸으며
가쁜 소리를 지른다
고뇌와 환희의 경계선에서

빛이 가져 온 하늘과 나무
어두움이 지워 버리고
환희가 마련한 만남
고뇌가 헤어지게 한다
나에게는
빛이 환희이고
환희가 빛인 것을
어두움과 고뇌는 발밑에 묻고 싶다

그에게는
어두움이 빛이고
빛이 어두움인 것을
흑암과 빛이 일반이다**

* 그레잇 폴스 파크 : 북 버지니아주 포토맥강을 끼고 있는 국립공원(Great Falls National Park)

** 성경 시편 139편 12절

태안의 그대에게*

나는 그대를 사랑한다
그대를 보는 찰라
그대의 모습이 어찌나 아름다운지
하나님이 빚어 놓은 어떠한 피조물보다도.
이렇게 눈물 흘리며 흐느낌으로
사랑을 고백하고 싶은 충동이
내 온 몸과 영을 마음껏 흔들어 놓는 것을

그대의 손에 얼굴에 덧칠된 검은 화장이
어찌 그리 찬란한지를
이제 알겠네
그대의 마음속에 타고 있는 불꽃이
붉다 못해 검정인 줄을
그대의 가슴속에 새겨진 사랑이
불 밝히려고 타버린 검정인 것을

나는 그대를 사랑한다
그대의 몸과 영의 타 버린 검정에
검게 타 버리도록

* 2007년 12월 31일자, 『중앙일보』, 1면에 실린 50만명 이상의 태안반도 자원봉사자들의 얼굴을 보고

이 경 희

Kyung Hee Lee

서울 출생

1992년 『한국시』 등단

물빛 동인

kgy8017@netzero.com

오후

양지쪽에 앉아서 입을 오물거리는 노파

다 허물어진 성

가느다란 그림자 속에 아직
삼키지 못한 마른 떡 한 조각

그리움

떴다, 떴다 비행기
날아라, 날아라
어둔 하늘을 가로 질러
별 하나 매단 비행기 날아간다
고개를 젖히고 거꾸로 바라보는 하늘엔
한 점 불빛으로 솟았다 무너져 내리는
그리운 집 한 채 보인다

어머니

내가 베어 먹은 어머니의 살
꽃 진 자리보다 아프게 고여 있다

달디 달게 마셔 버린 피
십 이문 고무신이
가벼운 보따리에도 비틀거린다

더 이상 줄 것 없어
싸리나무 같은 손을 흔들며
내 생을 덜어가렴
내 생을 가져가렴

그렇게 동구 밖 한 점 바람으로

만월

잠시 허공에 맡겨두었더니

그새를 못 참고 내려와

연애질로 정신이 없구나

야, 벗은 옷이나 갖고 가라

감 판 돈

울 할매 생강 같은 이마 위 빈 광주리
늙은 감나무
서로의 내력을 훤히 아는 듯 바라보는데
감나무 밭을 지날 때 감 판 돈
어딘가에 숨겨놓았을 터인데
다락 깊숙이 누운 먼지들
이때다 싶어 뛰쳐나오는데
지문조차 흔적 없는
세상 무덤 다 뒤져도
찾을 길 없는
울 할매 감 판 돈

이 정 자

Chong Cha Lee

경남 합천 출생

숙명여대 졸업

『워싱톤문학』 신인상

『문학시대』 신인상으로 등단

2005년 중앙일보 미주본사 문예공모 시 부문 가작

edignalee@yahoo.co.kr

어머니가 부르던 베틀노래. 2
– 희망

그 밤도 어머니는
베를 짜셨다

해진 고무신짝 잘라
잉앗줄로 묶어 발뒤꿈치에 신고
날줄 벌렸다 오므렸다
손에 쥔 북 잽싸게 밀고
낚아채고 철커덕 바디를 치면
한 땀의 베가 짜지고
날렵한 손과 발 신명난 춤을 추 듯
열두 새 고운 실로 베를 짜셨다

밤새 짠 베를 둘둘 말아 허리춤에 끌어안고
여적 베틀에 앉아
끊어질 듯, 끊어질 듯

"닭아닭아 우지 마라
니가 울면 날이 새고
날이 새면 베 못 짠다
돌아오는 그믐장엔
이 베 짜서 내다 팔아

예쁜 내 딸 꽃신 사고
공들여 얻은 아들
운동화도 사줄란다
스무 자 한 필 다 짜도록
꼬꼬닭아 우지 마라"
실꾸리에서 풀려 나오던 씨실처럼
아릿한 선율로 살아나
첫 새벽의 고요를 깨우는
어머니가 부르던 베틀노래

빈집 한 채

저 만치 백악관 돔에 내린 햇살 따뜻해 보이네
이름도 권위 있는 칸스티튜션 애비뉴
널브러져 떨고 있는
빈 집 한 채
밤새 쿨럭이던 주인은 어디로 갔는지, 왜
허물 벗듯 제집을 빠져나갔는지
그가 돌아오면 감쪽같이 사라져 버릴지 모를
그에게는 전 재산이었을 저 집
아직 그의 체온이 배어 있을
땟자국 덕지덕지 얼룩져 있을
이불 한 채가 제집인,
세금 한 푼 안내고도 버젓이
이 거리에 집을 지은
제일 힘센 미국시민
이웃 포토맥 강도 시퍼런 눈 부릅뜨고 결빙된
이아침, 그는
어디서 온전할까?

적당히 따스한 차 안
습관처럼 조용한 음악을 듣네

이끼

태어나 한번쯤
화사한 꽃술 열어야지 않겠냐고

후미지고 습기 찬
그늘의 열꽃
온 몸에 발진이 돋았네요

살다보니
옹이진 상처도
초록 벨벳으로 제 몸
치장할 줄 알던데요

너를 보내고

생의 모퉁이마다 버티고 서있는
적막한 대합실엔 소슬한 바람이 인다.

마구 파헤쳐진 언 땅 위에서 가누지 못하고 흐늘거리는 가는 실뿌리 같은 너의 맨발 위에 다슨 흙 한줌 서늘한 물 한줄기 뿌려 주지 못하고 그럴 수밖에, 그럴 수밖에 없어 돌아서는 너에게 그 흔한 위로의 말 한마디 또한 건네지 못했다.

지금 너는
훌훌 가슴이 트여
일만 미터가 넘는 캄차카 반도 상공 어디쯤에서
다시 떠오르는 동녘 햇살을 따습게 받고 있는가

우리 언제 어느 정거장에서 짐을 부리고
앞산 진달래 붉고 뻐꾸기 애잔히 울어
너와 나의 가슴을 흔들어 놓던
그 개울가
푸성귀 헹구며 찬물로 세수하던
그 때로 한번 돌아 가보는가

야자나무에 사는 오키드

간절한 것은 눈물뿐이어서
마음먼저 보내고 영영
하나로 살고 싶어
눈물 적신 날들

대책 없는 떨림
막막한 두려움으로
당신의 둥치에 숨어들었습니다

이제 우린
까만 밤 보석처럼 쏟아지는 별을 안으며
말갛게 눈뜨는 아침
간절히 모은 숨결
자지러질 듯 꽃 피우면
한없이 그윽해지는 당신의 눈빛

그대 안에서 향기롭게 발아하는
나의 생
황홀하여라

이 천 우

Chun U Yi

충북 연방죽 출생

『순수문학』에 수필, 『시마을』에 시로 등단

윤동주문학사상선양회 재무

한국문인협회 회원

ycu761@cox.net

개같이 황소같이

헤-이
부르면 개같이 뛰어 갔고
황소같이 일을 했다
소같이 피식 웃으며 OK, OK 종일 뇌까리며
시키는 대로 일을 했고 주는 대로 받았다
살아남으려고 맨몸으로 황소가 되었다
고삐를 벗을 수 없었다
고삐는 생명줄이라
주말도 없이 뛰어야만 했다

비빌 언덕도 물려받은 땅도 집도 없이
괴나리봇짐으로 처자식을 싸서 왔다
언제나 그랬듯이 하루는 하루로 족하다 했지만
황소는 빨리빨리 뛰어야만 했다
그래서 어딜 가나 돈 냄새만 찾는 개가 되었다
손가락이 잘라지는 공장에
불쾌한 쓰레기 더미에서 퀴퀴한 돈 냄새가 났다

물주가 되는 것이 의무를 다하는 것이기에
몸이 부서지는 소리를 들으면서
황소가 되었다

망아지들 초원에서 뛸 때
그때 황소는 손익 계산을 할 것이다.

귀가歸家

허기진 등이 굽어졌다
저녁을 알리는 긴 귀가 길
아쉬움이 어둠 속에서 눈을 뜬다

신호등에 걸린 마음들
먼저 달려가지만
긴 뱀 꼬리가 밟힌다

위장胃臟을 훤히 밝힌 메트로 뻐스
모두 노숙자들 꾸벅인다
긴 창자를 하얗게 밝힌 전철 속
외계인들의 군상들
신호등 없는 어둠 속으로 별똥별이 된다

허덕거리던 등골 땀이 싸늘히 식으면
어둠을 덮고 두 발 뻗지만
울먹이는 신음의 집은 없구나.

빵을 파는 여자

그날도 낙엽이 무심이 젖고 있었다
삶들이 몰려드는 시장 바닥에
여자는 좌편에 나는 우편에서
여자는 빵을 나는 캔디를 놓고
허기진 사람이 허기진 사람을 기다렸다
출출히 젖어오는 오후
들척지근한 빵으로 한 끼를 때운다
나무껍질 같은 빵과
날짜 지난 캔디에
웃음 섞어 교환하며 매듭을 풀었다
언제나 시장기에 젖은 내가 아프도록 답답했지만
가까이서 보고 또 바라보는 눈길에
정이 가고 사랑이 건너갔다
그리고 낙엽은 휩쓸려가고
또 같으면서도 다른 낙엽을
강 건너에서 밟고 있다

손잡고 교회 가는 것이 소원이라던 그 여자
영주권은 받았는지
인생을 불러도 대답이 없다.

어느 후일에는

빨간 히야신스 너를 사랑 하나보다
열브스름한 마음에 상처를 내고 있다
짙푸른 우수에 저린 눈물 두 손에 묻힌 것뿐
새콤한 입술에 영혼이 젖었나
젖가슴에 고인 침묵의 소리 들었지만
신비로운 내면을 드려다 보아도
보이는 것 없는 너
그러면 무엇을 사랑했단 말인가
저 공간을 시간들을 사랑했다는 것인가
동으로 서로 옮겨 앉은 오늘도
허공 속 멀리에서
실 끝에 매달린 끈적이는 체취가
길게, 길게 늘어지고 있다
언젠가는 바람에 스치고 스치면
그마저 여위어 끊기고
매달렸던 안타까운 만남들도
바람 속으로 살아져 버리면
우리도 기억 밖으로 없어지겠지
어느 후일에는

포토맥 강

그리움 가득하더라도 날 찾아 올 수 없겠지
시간이 길게 늘어서서 이리도 멀어졌으니
항상 마주보이는 지척에서 그리워하며
눈 속에 가슴속에 당신을 새기고 서있던
그 자리에 나는 이제 없다
당신은 문득문득 그리움에 마음을 울리겠지만
나도 새겨둔 그리움이 불쑥불쑥 치밀어도
당신을 만나러 갈 수 없다
서먹서먹한 만남이 될까봐
사는 것이 먼저라며 종종걸음 치는 그 자리에
비집고 들어가도 별로 할 말도 없으니까
날 기다리며 눈을 감고 마음을 씻어보지 않아도 된다
당신과 나는 무수한 신호등에 걸려 서야만 했고
지금도 신호등이 자꾸만 생겨지고 있으니

인디언 처녀 혼다 폰다의 넋이 기리 물든
사랑의 강 포토맥 강이 흘러오고 흘러가고 있다
강 건너 메릴랜드에 당신이 나는 버지니아에서
강물에 그리움을 흠뻑 적셔 보아도
건널 수 없는 강이라

당신은 강 북 쪽에 서 있고 나는 강 남쪽에 서 있다

정 영 희

Yung Whi Chung

경남 마산 출생

연세대 졸업

2003년『조선문학』신인작품 당선

한국문인협회 회원

yungwhi@yahoo.com

과수

시꺼먼 흙을 밀어 올리며
새 삶을 시작하는 힘이 거기 있었기에
봄엔 요염한 모습으로 꽃이 되었다가

서로의 눈 맞춤이
씨방에서 자리 잡히면
활활 타는 단풍에 제 몸 던져
붉은 열매 사리로 남기는 나무

보내지 못한 편지의 회답

휠체어에 꾸부정하게 앉아
하루를 시작하고
낯선 간병사의 들어 올림으로
하루를 마감 할 정도
이메일로 전해 오는
내 어머님의 건강 진단서

간신히 한 마리 나비처럼
팔딱이는 가슴으로
소식 오길 기다리는 그 마음
한 장씩 벽돌을 쌓아 올리듯
이제 쯤 괘씸죄가 덧 입혀져
나무람이 꽃처럼
어머니의 얼굴에 피어나
차라리 불그레해 졌다면
오히려
쓰이지 못한 내 편지의 회답이 되련만

잔디밭

얼마나 많은 사람이 밟고 지나갔을까
항의 한번 못해 본 채
왜 가만히 쓰러져가고 있었을까
엄동설한에도
그토록 꿋꿋하던 너였는데

이 봄에도
그토록 당당히 푸르더니
바람 따라 살랑이던 모습
여름이 채 오기 전에 어디론가 떠나가고
바람 따라 일어나는 먼지만이
무심코 내디딘
나의 발자국을 떠다밀고 있구나
이제야 아프다고

아무 것도 남지 않은
사람들의 발자국에서
나는 차마 한 발 더 내딛지 못하고
돌아서 아스팔트길로 걸어
집으로 왔다

잊혀질 이름들

초등학교 입학 하던 땐
가슴 가득했던 이름
젊은 새댁 시절엔
자식이름 뒤에 업혀온 여인의 이름
망구의 나이되니 얼룩진 빨랫감에
자그맣게 그려져
빙글빙글 거품 속을 헤맨다
잃어버린 옛 생각을 찾듯이

까마득한 기억 속에
어느새 번호로 둔갑하여
방 문 앞에 붙여져
핏기 없는 얼굴처럼 점점 삭아간다
그 이름 석 자
나의 시어머니
그리고
나의 친정어머니

말 없는 두 얼굴 다정스레 다가와
내 품에 오래오래 머물다 간다
우리 눈엔 서러운 눈물이 고이고

그대 봄처럼 온다면

봄이 오는 소리
들리지 않는다 해도
봄비에
온 몸 적셔지지 못한다 해도

봄 색깔로
입혀지지 않았다 해도
봄바람에
흔들리지 못했다 해도
봄내음에
비록 취하지 않았다 해도

연두빛 마음은
기다리리라
한 낱의 씨앗이 땅속에서
기다리듯 그렇게

최 연 홍

Dr. Yearn Hong Choi

충북 영동 출신
연세대, 인디아나 대학에서 공부
연세대 재학 중 『현대문학』으로 데뷔
인디아나 대학을 졸업한 후 위스칸신, 버지니아,
미시시피, 워싱턴에서 가르치다 1996년 서울시립대
객원교수, 1999년 정교수로 가르치고 은퇴
그의 시편들은 미국의 여러 문예지와 PEN
International(런던)에 발표되었으며 미 의회
도서관에서 계관시인 초청으로 한국시인으론 처음
시 낭송. 그가 쓴 「아리조나 사막」은 Mildred(뉴욕)가
미국 남서부를 그린 최고의 시편으로 선정,
그의 단편은 Short Story International(뉴욕)과
미국 대학교재에 수록
그의 시편들은 포르투갈어로 번역, 브라질에서 발표됨
그의 서평들은 World Literature Today(오크라호마
대학 영문과)에서 발표되어 왔으며 에세이들은

〈Washington Post 워싱턴 포스트〉,
〈Los Angeles Times 로스안젤레스 타임즈〉,
〈Japan Times 저팬 타임즈〉에 게재되었으며
〈Korea Times 코리아 타임즈〉,
〈Korea Herald 코리아 헤랄드〉의 칼럼리스트 역임.
현재 The Korean Quarterly Columnist.
시집으로 『정읍사』, 『한국行』, 『최연홍의 연가』,
『아름다운 숨소리』, 영문시집 『Autumn Vocabularies』,
에세이집으로 『섬이 사라지고 있다』 외 다수가 있다.
그가 미국에서 편집한 문학책으로
『Mother and Dove』, 『Surfacing Sadness:
A Centennial of Korean-American Literature』,
『Fragrance of Poetry: Korean-American
Literature』가 있다.

아버지

아들의 시를 문예지에 들고 다니셨던 아버지,
편집인에게 케익 한 상자라도 들고 가
시를 내밀었던 아버지,
때로 국필國筆 일중 김충현一中 金忠顯의 글씨도 들고 가
아들의 시를 내밀었던 아버지
알량한 원고료보다
아들의 시가 인쇄되어 나오는 기쁨으로
사셨던 아버지

영자신문에서 나오는 원고료로
한 겨울 연탄 값을 마련했다고
고마워하셨던 아버지

그래서 아들이 부끄러워했던 아버지

그의 묘비에
시인의 아버지로
써 달라고 부탁하신 그 아버지가
10년이 지난 후
20년이 지난 후

사무치게 그리운 까닭은
무엇일까

시인을 밤하늘의 명료한 별보다
더 빛나는 존재로 우러러 본 아버지를
이 세상에서 더 찾을 수 없기에
사무치게 그리운 까닭입니다

아버지,
당신이 밤하늘에
가장 빛나는 별이 되었습니다

뉴욕의 달

뉴욕의 야경夜景은 엠파이어스테이트 빌딩 86층에서 바라본
도시의 불빛이었는데

진짜 황홀한 야경은
홀란드 터널을 빠져나와
뉴저지 해밀턴 공원에서 바라본
마천루의 불빛이었다

그러나 그보다 더 황홀한 야경은
허드슨 강 위에 떠 있는 보름달
마천루보다 조금 더 높이 떠 있는 보름달이
도시의 왼쪽 모퉁이를 돌아
대서양으로 나가고 있는 모습이었다

백제 정읍 여인이 바라보던 달이
당나라 시인 이태백李白이 놀던 달이
60년대 비무장지대 철조망에 걸린 달이
요세미테 화강암 바위위에 걸린 달이
21세기 최고의 도시보다 더 높이 떠 있었다
아리조나 사막의 승냥이가 달을 보고

울부짖을 수 있도록
높이곰 돋으샤

그리고 그 달이 흑백의 물위로
소리없이 떠가고 있었다
백만 년의 추억을 더듬으며
내 아들이 살다 떠났고
내 딸이 아직 살고 있는 뉴욕의 달

——————————— 추석秋夕이었다

Moon of New York

A great night scene is New York City
From the 86th floor of the Empire State Building
At nine,
But the great night scene is New York City
With a full moon I see at the Hamilton Park
In New Jersey,
The same moon that the coyote howled at the Arizona desert.
The moon on the left corner of the night
Is reflected on the Hudson River,
While making black and white waves
Toward the Atlantic.

My daughter is sleeping in an apartment
In midtown Manhattan.
Beethoven's moonlight sonata is still flowing.

It is Thanksgiving Night.

— Yearn Hong Choi

골프

여기 쉐난도 계곡 내 여름 별장이 있는 브라이스
휴양지
경비행기 두어 대 한가로이 서있는 골프장을
서울에서 온 친구와 호젓이 걸으며 골프를 즐긴다
잔디밭에 떨어진 작은 골프공은 하얀 꽃인가 하
얀 나비 한 마리인가
때때로 소나기 지난 후 고공으로 나르는 하얀 공
뒤로
푸른 하늘이 있고 무지개가 구름다리를 놓고 있
어서
들어가고 싶은 여름 숲 속 샤레 하이* 마을
마음을 비운 친구들이 잔디밭으로 걸어 나가면서
하얀 공을 푸른 하늘로 날리며
송어가 사는 계곡의 물을 건너 포플러 나무들의
큰 키 넘겨
깃발이 꽂혀있는 그린 위의 홀로
단숨에 공이 떼그르르 굴러 들어가는
금속성 소리 친구와의 우정만큼이나 듣기 좋은
소리,
말복 더위에 폭포에서 떨어지는 시원한 판소리

* 샤레 하이 : 불란서 말로 알프스 목동의 산 속 집, 통나무로 만든 스위스 농가

香港

1968년 5월
홍콩의 언덕 정류장에서
인사를 처음 나눈 두 사람
바닷가 정류장에서 내려
커피 샵을 찾는다
그 후 두 사람은 길고 긴 편지를 나누었고
그 편지 속에 인연이란 말도, 사랑이란 말도
불확실한 미래라는 말도 있었다

두 사람은 다시 만날 수 없었지만
그리움의 뒤란에 숨어서
홍콩의 언덕 정류장에서
빠스를 기다리고 서 있네
빠스 안에서 남자의 어깨에 얼굴을 가볍게 갖다
대는
여자의 환상을 아름답게 간직하고 있네
그날 저녁 항구의 불빛 속에서
헤어질 시간을 안타까워하며
긴 이별의 키스를 나누었네

40년 된 포도주 맛이

그 키스보다 달콤할까

레드우드 국립공원 Redwood National Park

-김기택 시인에게

샌후란시스코를 가시거든
금문교를 지나
레드우드 국립공원을 가보시게

100미터 이상의 장엄한 나무들이
안개를 먹고 살면서
숲 마을을 이루고 살고 있는데
처음 많이 놀랄 것이네
그리고 그 나무들의 뿌리가 지표면에서 가까이 내리고 있는 사실에
깜짝 놀라실 것이네
그 다음 그 나무들이 이미 천년 이상의 수명을 누리고 있는 사실에
놀라워하실 것이네
그들이 오래 살고 높이 살 수 있는 이유는
그들의 뿌리가 서로 껴안고
하나의 뿌리를 형성하고 있는 사실이라는 것을 알고
또 한 번 놀라워하실 것이네

시인이시어

하나 더 놀라운 일은 한 부자가 이 숲 지대를 사서
국립공원으로 만들어놓았는데
그 이름을 자기 이름이 아닌 존 뮤어John Muir로 만들어 놓은 것,
존 뮤어는 미국 최고의 자연주의자
얼마나 멋있는가

숲속의 청량한 물소리를 들으며
당신은 낮잠을 자고나서
금문교로 나가시든가
버크리로 나가시면 좋은 하루가 될 것이요
부디 좋은 버크리 체류이기를 비오

한 만 희

Man Hee Han

경기도 화성군 송산면 갓마루 출생
중앙대 국어국문학과 중퇴
1993년 『문예사조』에 시가,
1997년 『해외시조』에 시조로 등단
수필집 『가슴에 묻어둔 텃밭』(1997)
시집 『안개에 걸린 강』(2004)
미주문인협회, 재미시인협회, 미주한국시문학회 회원
아틀란타문인회 회장 역임
『문예시론』 주간
현재 조지아주 아틀란타 거주

먼 길

가야 할 길이
이제껏 격동으로
지나 온 길 보다
아스라이 머언 길
흔들어 눈 감아도
마음 안으로 또렷이
보이는 먼 길

눈웃음 사랑 일군
그날부터 오늘에 닿아
너의 체온이 무르익어
꽃잎 날려 쌓아 둔
세월의 무게가 겨웠지

남은 길도 가다듬어
눈부시게 흘러가려는데
이토록 뒤척이는 갈증은
아쉽게 보채는 미로
허전이 다가서는 삶
가늠하기 힘겨워도
보이는 먼 길

그 날이 오면

너와 나의 하얀 가슴이
뜨겁게 포옹하던 날
심어준 빨간 장미 한 송이
세기의 새 아침 이슬 담아
더욱 진한 생명의 희열
손가락 사이로 흘러간
과거의 무게가 저며 들어
새로운 대지에 한 점
획을 긋는 찰나

이제 너와 나의
절실한 가슴으로 빚은
또 한 송이 장미 꽃술에
순박한 사랑을 담고
너그러움을 키우며
내일을 일구어 가는 뜨락에
자손들에게 고이 물려 줄
영혼의 기둥을 세우고
우리는 승리의 합창을 하며
두둥실 춤을 추거나

아무렴 그날이 오면

나목

아물 수 없는 상흔
추한 과거를 들추기 싫어
호연히 벗어제낀 누더기
오기 부렸던 자존심을
감출 수 가 없었는가

공허한 가슴 채우려는
시 작업의 욕망을
투명한 양심 위에 수놓고
불꽃 지피는 열정으로
승화하는 인내의 고행

등줄기 차가운 후회를
떨칠 수 없어
주문처럼 곱씹는 번뇌를
한 줄기 소망에 기대어
몸살을 앓고 있는
헐벗은 고독의 자학
한 줄기 지성을 떨칠 수 없어
시심을 담은 수액으로
빈 가슴 채워가는
숭고한 나목이여

서른셋 영령들아

한 사람의 굴절된
용서받기 어려운 과오가
서른둘의 귀하디귀한
생명을 앗아간 그 엄청난 충격에
가슴 치며 눈물 흘린
우리의 기도를 들었는가

그러나 이제
우리는 슬픔의 늪에서 나와
사랑하는 당신의 가족들과 친구들에게
먼저 깊은 애도의 뜻을 나누었다고

그런데 우리는
한 가지 중요한 진실을 배웠다고
분노할 비극을 당한 버니지아 공대인들이
아니 미국인들 모두가
용서와 화합으로 묶은 깊은 사랑의 의미를
그것은 곧 우리들 모두가 하나로 걸어가는
위대한 힘의 아름다움인 것을
당신들도 바라는 마음이란 것을
서른셋 영령들이여
하늘에서 고이고이 잠드소서

〈시조〉

힘든 나날들

며느리 손녀 손자 한국에 가 있어
전화조차 힘들어 음성도 못 들으니
저미게 그리운 마음 밤 길 거니는 시간

자식은 해병으로 이락 전에 가 있고
들리는 뉴스에는 뒤숭숭한 영상 뿐
갈증의 아비 가슴이 숯으로 타드는 밤

허 권

Rev. Kwon Hu

강원도 통천 출생
연세대 졸업
1994년 『조선문학』으로 등단
워싱톤문인회 회장 역임
워싱톤문예창작원 원장 역임
한국현대시인협회 미주동부 지부장
국제펜클럽회원
시집 『도피성』(모인선교원)

Love America!

Come August, saturated with tears,
Rapturous shouts over the Liberation
Pour into my heart in waves of the people's blood.
The peninsula is still left cut apart
With half the land yet to be recovered.

With the eruption of red ambitions in a war
On June 25, 1950.
Numerous souls fell in a strange land,
Blood shed in war tied us in brotherhood
On which was founded peace we love.

Who's pulling our heartstrings today?

Cry out, "God bless America!"
Your sacrifice will live forever in us.
Here's our big hug of gratitude for you.

My compatriots rooting in this soil,
Wake up a slumbering history,

Thirst for its truths.
And drink up a morning on the Pacific
Ablaze with a rising sun.
Liberty, equality, peace are all around.
Give your hearts to America!

미국을 사랑하라

눈물 배어오는 팔월이 오면
해방의 함성이 파도처럼
민족의 피 되어 내 가슴 흐르고 있다
아직도 허리가 잘려
돌아오지 못하는 산하가 있다

우리 가슴 울려주는
그는 누구인가

어찌 잊으랴, 6.25
님 들이 흘린 피, 바치신 넋
피로 얼싸안은 형제여, 그대 기억하는가

노래하라
God Bless America!
척박한 외지에 뿌리내린 한민족이여
우리들의 꿈나무를 의젓하게 키워낸
이 땅에 감사하라
자유, 평등, 평화를 위해 사라져간 넋들의
저 함성 들리지 않는가
이제 잠든 역사와 민족의 혼 다시 깨워

조국을 사랑하라
미국을 사랑하라

새해 아침에

다람쥐 쳇바퀴에
2008년이 열려
이름 모를 산새들 새 아침 노래하네

어디 세월뿐인가
아직도 돌아오지 않는 산하가 있어
하루 내내 기도의 끈을 매고
남몰래 흘리는 이산가족
끝없이 바라보다 새가 되어버린 너
그리움에 목이 탄다

저 산 너머 또 너머 아득히
꽃밭처럼 타는 얼굴이 있어
동방사자의 발굽소리가
대양의 물결을 수놓는 노래로 울려 퍼져
그것이 88올림픽 깃발이었고
오늘은 청계천의 냇물이 쏟아져

두고 온 땅과 옛 기와집이 그리워
2008년의 부픈 세월아
동트는 부활의 새벽처럼

어둠 밀쳐내라
눈물과 분쟁은 평화로 바꾸고
하나 될 조국을 위해
아름다운 꽃을 피우라
사랑의 여신, 프시케처럼.
〈2008년 1월 1일〉

Pre-poem

Dongjoo Yoon
Translated by Kwon Hu

Up to Heaven,
I may not feel a speck of shame
Till my last day on earth,
I hope.

Even winds
Rising through the leaves
Anguished me.

With a heart singing of stars,
I will love every mortal being.
Then, I will go my own way.

This is another night of stars
Being rustled by winds.

시향 _ 2008

초판 1쇄 찍음 • 2008년 3월 24일
초판 1쇄 펴냄 • 2008년 3월 31일

지은이 • 미주한국시문학회

편집인 • 김 행 자
발행인 • 박 성 복
펴낸곳 • 도서출판 **月印**
서울시 강북구 흰구름길 19-3(수유2동 252-9)
등록 • 제6-0364호 / **등록일** • 1998년 5월 4일
대표전화 • (02) 912-5000 / **팩스** • (02) 900-5036
http://www.worin.net

미주한국시문학회
Korean-American Poetry Society of USA
5201 Bordeaux Cove, Ellicott City. MD 21043-7086
e-mail: haengjakim@gmail.com

ISBN 978-89-8477-396-7 03810

값 7,000원

Fragrance of Poetry

『시향 2008』 신인상 작품공모

미주한국시문학회가 발간하는 시 전문지 『시향』이 이 땅에 한국시의 지평을 새롭게 열어갈 참신하고 역량 있는 신인 발굴을 위해 다음과 같이 작품을 공모합니다. 미주 전역에 산재해 있는 숨은 인재들의 많은 응모가 있으시길 바랍니다.

응모부문 : 시 3편 이상

마　　감 : 2008년 10월 30일까지 우편접수 또는 전자우편

심사방법 : 심사위원은 본회가 위촉하고 응모작품은 반환하지 않는다.

시상 및 대우 : 당선작은 『시향』에 게재되며 수상자는 본회의 회원 자격과 함께 기성시인 대우를 받는다. 상패와 소정의 상금이 수여된다. (당선작: $500, 가작: $200)

기　　타 : 우송시 겉봉투에는 〈응모작품〉이라고 쓰고 원고 말미에 주소와 전화번호를 명기한다.

보 낼 곳 : E-mail : kwiskwon@yahoo.com

Korean American Poetry Society of USA
717 Ridgemont Ave
Rockville, MD 20850
301-990-4054(H) / 240-432-9737(Cell)